滋賀県立大学
環境ブックレット
4

環境と人間
生態学的であることについて

迫田正美

SUNRISE

滋賀県立大学環境ブックレット4

環境と人間　生態学的であることについて

目次

1 人間が「自然に」従うことは「自然な」こと ……… 4
　「無法者たち」の暗黙の規則
　フィールドに出て観察しよう

2 環境と自己の知覚 ……… 8
　氷水入りのグラスを右手で持つと、どう感じるか
　書物を持って机の前に座ると、どう感じるか

3 環境の知覚と空間 ……… 11
　自分に近いグラスは「これ」、遠いグラスは「あれ」
　相手に近いグラスは「それ」でも、相手にとっては「これ」
　「それ」も「これ」も共通の何か「不変項」を知覚
　「これ」「それ」「ここ」「そこ」は変化する
　恋人たちの「星はきれいだね」が表現するもの

4 生態学的知覚論からみた対象の意味 ……… 18
　人間は「地」の上に「図」を見ようとする
　「…として見る」という考え方をさらに進めて
　アフォーダンス理論の特徴
　グラスのカタチとアフォーダンス
　アフォーダンスは対象と自己との関係によって決まる
　生活空間にあふれるアフォーダンス

5 行為の出来事とその表現 ……… 26
　知覚システム・行為システムとしての生命
　行為の図式と環境の意味
　行為の出来事
　人と行為と環境の構図が絡み合う
　環境を知ることは私たち自身を知ること

6 生活景を読む ……… 34
　日常の経験はすべて生活景によって構成

　　　　地理的条件に規定される生活景
　　　　産業活動により形成される生活景
　　　　水産業などがつくりだす景観
　　　　文化的活動がつくる生活景
　　　　日常の生活景

　　7　空中写真から見えるもの ―― 49
　　　　空中写真と地図情報を手がかりに
　　　　草津市志那町の蓮海寺周辺の水面と街路
　　　　石垣と出入り口の配置
　　　　失われた景観の連続性

　　8　地図と空中写真を利用して集落の形成過程を探る ―― 58
　　　　守山市木浜周辺
　　　　集落内の空間構造変化
　　　　長浜市湖北町尾上周辺
　　　　余呉川の治水・改修事業
　　　　漁港移転・改修事業
　　　　湖岸道路の建設と野田沼の改修
　　　　圃場整備事業

　　9　アフォーダンスの知覚と
　　　　環境・人間の生態学的関係性の回復 ―― 74

　　10　おわりに ―浮世絵に描かれた風景から― 76

1
人間が「自然に」従うことは「自然な」こと

「無法者たち」の暗黙の規則

　私たちは日常のごく普通の生活を営む際にも、また農業や林業などの労働や産業活動を行う場合にも、何らかの形で周囲の環境と相互的な関係をもたずに暮らすことはできません。
　ここで環境という場合、それはいわゆる自然環境だけを指すのではありません。道路や公園などの都市環境から、食事をする、眠るなど、基本的な生活行為を行う場所も、人間の行為環境としてここでいう環境に含まれます。
　私たちが暮らす環境には、生活行為を行うためのさまざまな意味が見え隠れしています。私たちは知らず知らずのうちにそのような環境の意味を読み取りながら、個々の行為を行っているのです。
　写真1は大学構内の一部です。自転車が整然と置かれている様子がわかるでしょう。この場所は本来駐輪が禁止されているのですが、正規の自転車置き場が建物の入り口からやや遠いことと、容量を超えて自転車があふれるため、建物入り口付近のこの場所に、学生たちが自転車を止めてしまうのです。しかし自転車は路面と接する芝生の上に、一定の方向と間隔でかなり整然と並んでいます。駐輪禁止の規則を破る「無法者たち」ですが、自転車の置き方には暗黙の規則があるかのようです（もちろん「きれいに並べましょう」などという看板が立っているわけではありません）。

この写真には、あとで述べるように、環境のアフォーダンス(環境要素が動物や人に働きかける可能性)が人間の行動を規定するということが明瞭に表現されています。舗装された路面(自転車や人が通る)と隣り合う芝生との境界が、自転車を並べて置くという行為をアフォードした(促した)とみることができるのです。学生たちは環境のアフォーダンスに従って「自然に」このよう

写真1　整然と置かれた自転車

に行動したのであり、自転車の止め方も、おそらく入り口に近い場所から順に置かれていった結果、このように並んだのだと考えられます。

　ところで、最初に規則を破って自転車を置いた誰かがいるはずであり、はじめからこのような状態ではなかったはずです。誰かが1台目の自転車を置いたことがきっかけとなり、二人目の共犯者が現れます。その状態(環境と行為の関係)を見た学生たちが、次々に自転車を置き始めるのです。これが日常化すると、各自が止める場所も習慣化して、空いていればいつもそこに止めるというような場所が決まってきたりもします。

　注意して町の様子を観察すると、このような事例は町の中に数多く見つけることができます[*1]。また、地域の伝統行事や慣習、文化と呼ばれるものの中にも、最初はこのような暗黙の行為から生まれ、

やがて慣習的なものとなり伝統にまでなって受け継がれているものも多いのです。

「環境(自然)」のアフォーダンスに「自然に」従うことは、まさに人間にとって「自然な」ことです。言葉遊びのようですが、これを破ると時には重大な事態を招くこともある大切な事柄です。山あいの川原でキャンプをするような場合など、注意深く周囲(自然)を観察し、ふさわしい場所にテントを設営しなければ、上流での天候の変化などによって川の水位が急変し、たいへんな目に遭うこともあります。

フィールドに出て観察しよう

私の専門分野は建築デザインであり　建築空間を対象に研究をしています。

建築を設計する場合、これまで述べたような環境(自然)のアフォーダンスと人間の自然な行動の関係を知ることは、より良い生活環境をデザインするための必須の条件です。建築を設計するということは、周囲の環境を読み解き、地域の文化や伝統を考慮し、生活者のさまざまな行為を支える環境を創造する行為なのです。

一方で、建設行為は、ともすれば自然環境や地域の文化的環境を破壊するものと思われがちであり、実際そのような場合も多いかもしれません。そこにあるものを壊し、新しいものをつくる以上、なんらかの環境の変化をともなうことは避けようがありません。

しかし、人間は歴史を通じて常につくり続けてきたのであり、現在の町並みも、農村景観も、山林や田畑も、すべて人間がつくってきたものです。そして、後段でも述べますが、人が生活すること、住まうことは、それだけで既に常に何らかの形で環境を変更し、つ

くり直すこと、建てることとつながっているのです。要は「いかに」つくるか、ということであり、自然を自然のまま放置することではないはずです。

　このブックレットでは、環境と人間とのありうべき関係について、空間論の立場から見た場合、どのようなことがいえるのか、その基本的な論点のいくつかを提示できればと思います。その中で、環境の知覚の問題や行為の表現の問題など、座学(教室での授業)的な事柄についても述べますが、ここで論じられる事柄はすべてフィールドに出て観察することによって確認され、分析されなければならない事柄であることを、忘れないようにしてほしいと思います。

＊1　髙橋鷹司・チームEBS（2003）環境行動のデータファイル—空間デザインのための道具箱—，彰国社.

2

環境と自己の知覚

氷水入りのグラスを右手で持つと、どう感じるか

　私たちが私たちをとりまく環境について考えようとするとき、つまり身のまわりの環境について意識するとき、私たちは同時に、私たち自身の身体、つまり自己についても意識しています。

　このことについて深く考えていくために、環境を構成する、できるだけ単純な要素、たとえば、冷たい氷水の入ったグラスについて考えてみましょう。

　今そのグラスを右手で持っているとしましょう（図1）。この場合、グラスは、私たちから見てまさに右手の位置にあるところを自分の眼で見ているわけですが、それは、ただ眼で見ているというだけではなく、右手の手のひらに、冷たくて、滑らかな感触と一定の重さをもったグラスが握られているのを知覚するのであって、その冷たさや滑らかさ、重さも感じているでしょう。

　ところで、その冷たさや重さを感じているのは手のひらであり、また私たち自身です。その冷たさは体温と比較しての冷たさであり、その重さは、大きな石を持つ場合や薄い紙切れを持つ場合と比較できる重さ、つまり人間の身体によって測ることのできる冷たさや重さです。そして、冷たい水の入ったグラスを知覚しているとき、私たちは同時に、それを持つ私たち自身の右手の皮膚そのものの柔らかさや（グラスと比較した）手の大きさ、グラスのカタチに、ちょうど

合うように握られた右手のカタチ(手の構え)についても知覚していることに気づくはずです。この、手の構えは、肘のカタチ、グラスの重さを支える脇と腕の感覚、胸、腹というように連続していて、最終的にはそのときの自己の姿勢の全体の知覚(これらを自己受容感覚といいます)にまで関連しているはずです。

図1　右手に氷水入りのグラスを持つ人

　このように、対象を知覚するとき、対象を知覚する視覚や触覚などの外的受容感覚と同時に、私たちは自己についても知覚しているのです。

書物を持って机の前に座ると、どう感じるか

　それでは、もう少し視野を広げて、環境(空間)と自己の知覚について考えてみましょう。そこで、学習のために自分の机に向かって座り、書物を手にしている場合について考えてみます。そのとき、私たちには書物と書物を持つ自分自身の両手が見えています。また、書物を置いた机やその前にある壁や窓が眼に入っているかもしれません。この場合は　自分自身の肘が机の角にあたっているのを感じるでしょうし、背中は椅子の背もたれに触れているのを感じ、お尻は椅子の座面に触れています。グラスのときと同様に、触れているものの硬さや軟らかさを知覚するだけでなく、肘の皮膚や筋肉、骨の感じ、あるいはお尻にかかる自分自身の体重の重みなどを感じているはずです。そして、もう少し自分自身の意識に思いをめぐらせ

てみると、座っている椅子の下に広がる床面と床面に触れている足の感覚に気づくはずです。そして、自分の座っている椅子が置かれた室内におけるその位置や方向（窓の外を見れば方位についても）、天井の高さや周りを取り囲む壁について、すなわち部屋の中での自身を含めた環境の構図（配置）についても知っていることに気づくでしょう。私たちは水平な床と頭上を覆う天井によって上下を限られ、壁や窓、扉などによって内と外とを境界づけられた環境の中に、椅子や机などとともに一定の位置を占めながら在る、そのような環境と自己を同時に知覚しているのです[*2]。

　以上のように、私たちが環境や、その中の対象について知覚するということは、同時に自分自身について知覚することであり、環境について調べたり、それを知ることは、ひるがえって自分自身について知ることでもあるのです。

[*2]　M.ポンティ（1967・1974）知覚の現象学Ⅰ・Ⅱ．竹内芳郎・木田元・宮本忠雄訳，みすず書房．

3
環境の知覚と空間

自分に近いグラスは「これ」、遠いグラスは「あれ」

　このように、環境（対象）と自己の知覚が同時であり、相補的であるとすると、空間はどのように知覚され、表現されているでしょうか。

　ここでもう一度、あの右手に持った冷たい水の入ったグラスについて、考えてみましょう。私たちは、このグラスとの距離を、どのように知覚しているでしょうか。

　それを知る手がかりは、自分自身に立ち返って反省して見てみる方法と、それがどのように表現されているかという点に注目する方法があります。

　ここでは主観性の色眼鏡を避けるために、表現されたものについて見ることから考察を始めてみましょう。一度表現されたものは、自己の外にあるものとして、つまり考察の対象(object)としてとらえることが可能であり、また対象をどのように表現するかを考えることは、その対象を私たちが、どのようにとらえているかを考察することにもなるからです。

　ここでも、あの水の入ったグラスから考察をはじめましょう。

　右手にあるグラスを指して、私たちは「これ」と呼びますが、決して「あれ」とか「それ」とは呼びません。このことは、ある程度まで、自己と対象との距離の関係で決まります。ある程度というの

は、この関係が絶対的な尺度を持つわけではないということです。

　ある環境（例えば自分の部屋など）の中に、自分一人だけが居て、注目する対象が二つあるとき、一方を「これ」あるいは「それ」と呼べば、それに対して他方を「それ」とか「あれ」と呼ぶことになります。

　二つの対象をどちらも「それ」と呼ぶのは、自己と二つの対象との距離が同等であり、また二つの対象どうしが、その比較において、ほぼ同形のもの、あるいは同等のものと知覚されている場合です。このことは「これ」や「あれ」の場合も同様です。

　一方を「これ」と呼び、他方を「それ」と呼ぶ場合、「これ」と呼ばれた対象は「それ」と呼ばれた対象と比較して、自己に近いもの、距離的（または時間的な場合もありますが、ここでは問題にしません）に、あるいは、帰属意識として近いものとして、対象との距離が測られています。

　一般に人は自己の身のまわりの空間について、このような一定の距離的階層性（ヒエラルキー）をともなって把握しています。人が一人で居る場合、物的対象との距離については、手元、とか、目先、とか、身体のスケールによって測られる、一定の距離域があるのです[*3]。

相手に近いグラスは「それ」でも、相手にとっては「これ」

　ところが、二人以上が居る場合には、この表現方法に差異が現れます。

　もしこのグラスを、誰か他の人が持っている場合、その人が自分のすぐ近くの、手の届く範囲に居る場合でも、今度はそのグラスを「それ」と表現するはずです。そして、このグラスがもう一人の他

者の手にもなく、部屋の片隅の二人から離れたテーブルの上に置かれていたとすれば、今度は「あれ」と呼ぶのです。

「それ」も「これ」も共通の何か「不変項」を知覚

ここで注意しておく必要があるのは、他の人が持っている「それ」と呼ばれたグラスは、それを持っている当の本人にとっては、やはり「これ」と呼ぶべきものだということです(図2)。

二人の人にとって、グラスは共通の知覚の対象ですが、それぞれの人は、それぞれの居る位置(それぞれの「ここ」)から知覚しているのであり、その見え方は異なっており、それぞれ、「これ」「それ」と呼ぶのです。しかし、知覚されている対象そのものには、共通の何か(これをどのように名づけるかは見方によってさまざまです。西洋哲学の伝統ではイデアと名づけたり、実体と呼んだりするものですが、物理学者なら単に物体と呼ぶでしょうし、心理学的には単なる刺激ととらえることもできます)を知覚しているわけですが、ここではこの何かを、知覚心理学者のJ.J.ギブソンにならって、「不変項」と呼んでおきます[*4]。この論考では ギブソンの提唱するアフォーダンスの概念に基づいて、環境と空間、そして人間について考えようとしているからです。

では、また例のグラスにもどりましょう。この

図2　Bにとっての「それ」は、Aにとっての「これ」

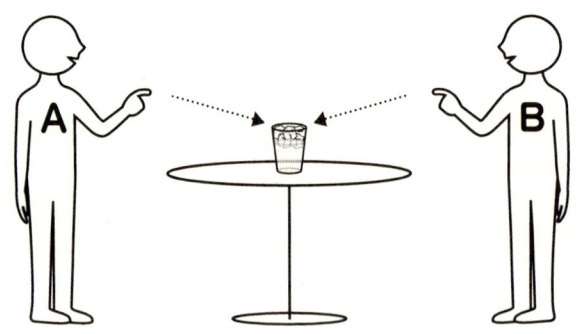
図3　向き合った二人の中央にグラスがある場合

　グラスを「あれ」と表現する場合の二人の位置関係は、グラスに対してどのようになっているでしょうか？
　「あれ」と呼ばれる場合、対象は自己から見て、一定以上の距離がある場合ですが、二人の人にとって、同様に距離が離れているというだけでは、説明としては不十分です。
　二人の人が正面を向いて向き合っている場合を考えてみましょう。このとき、二人の間には相当の距離があるものとします。もし、二人の居る場所のちょうど中央あたりに、このグラスがあるとしたら(図3)、二人はそのグラスを何と呼ぶでしょうか？　この答えは情況によってさまざまですが、次のような場合と比較すると、興味深い事実が理解できます。
　今度は、二人が並んで同じ方向を向いているとき、図3と同じ距離に(ここでは方向については問いません)グラスが置かれていたとすれば、この場合は、普通は二人ともに「それ」あるいは「あれ」と表現するはずだということです(図4)。
　このように、「これ」「それ」「あれ」という表現の使い分けの間には、自己と対象(環境を構成する要素)との関係や、自己と他者との

関係から見た対象との関係、すなわち自己と他者と環境との構図(配置)が表現されているのです。

そして、ここで重要なことは、このような構図の知覚は、相手にとっての自己(あるいは自己にとっての相手)の知覚、すなわち社会的・人間的関係の知覚(確認)をともなうということです(ここでは人称性が問題になっており、自我と他我の意識の問題や、社会的自己あるいは間主観的意識の問題など、それに関連する論点について触れるべき多くの問題があるのですが、ここではそれらの問題には踏み込まないことにします)。

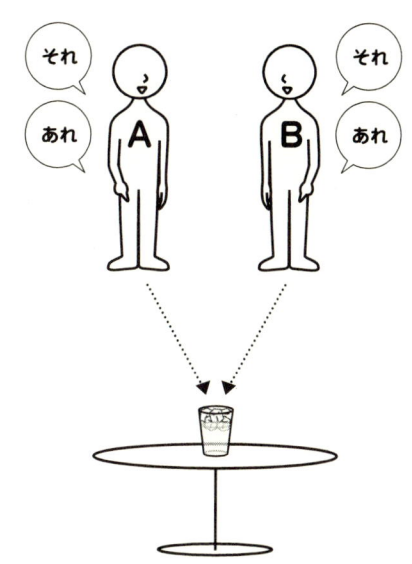

図4　並んだ二人の図2と同じ距離にグラスがある場合

「これ」「それ」「ここ」「そこ」は変化する

同じように考えると、このことは「ここ」「そこ」「あそこ」という、場所を指す三つの表現においても同様の構造があることがわかります。そこで、今度は三人の人が居る場合について考えてみましょう。一人の人(A)が居り、その近くにもう一人(B)が居ます。そして彼らから一定以上離れた位置にもう一人(C)が居る場面を想像してください。

もし(A)が(B)に対して(C)について何か表現しようとすると、おそ

らく「『あそこ』に(C)が立っている。」とか、「『あそこ』は寒そうだ」などと言うことができます。しかし、(A)が(C)に向かって何か表現するとすれば、「『そこ』は寒くないかい？」とは言いますが、「『あそこ』は…」とは言いません。また(B)に向かって、「『ここ』は暖かいね！」とは言いますが、「『そこ』は暖かいね！」とは言いません。

　このように、「これ」「それ」や「ここ」「そこ」などの表現は、情況と行為（表現）の対象によって、すなわち人と行為と環境の構図（図式と呼ぶこともあります）によって、変化するのであり、したがって逆に、表現されたものを読み解くことで、人が環境をどのようにとらえているか、そこでの人と環境と行為の構図が明らかにできるのです。

　このような構図は、それをまさに知覚する主体にとっては、いわゆる遠近法の構図として視覚的にとらえられており、脳内の視覚野(しかくや)における環境を構成する光学的要素の配置（レイアウト）を知覚しているわけですが、先に述べたように、自己の知覚としての、姿勢（ポーズ）や環境に対する位置（ポジション）、環境の中での構え方・構図（コンポジション）をも含めて、自己についても同時にとらえています。この環境と人との行為における構図（したがって常に運動し、変化している）のダイナミックな運動の中での不変項を知覚することが、対象の知覚であり、それは同時に空間的な（また時間的な）出来事でもあるのです。

恋人たちの「星はきれいだね」が表現するもの

　環境に対する言及（表現）が、主体と主体、そして環境との関係（構図）を表現するということがわかりましたが、ここで、もう少し具体的な例を挙げてこのことを確認しておきましょう。

夏の夜空に輝く星々を見上げている、二人の恋人たちを想像してみましょう。彼らは、肌を寄せ合い、事実同じ星の輝きを美しいと感じているかもしれませんが、このとき、実はむしろ、二人が肌を寄せ合ってたたずんでいるという事実の方を、同時に確認しあってもいるはずです。

一人が相手に寄り添うという行為を行ったとき、相手がそれを受け入れたとすれば、それは一人が相手に対する親愛の態度を示したと同時に、相手も自分に同様の感情を持っていることを確認しているのです。したがって、このような情況の知覚は、自己が相手に好意を持っていることを表現すると同時に、相手からも憎からず思われている自己についても自覚していることになるのです。

そして夜空に輝く星を指さして、「星がきれいだね」と話しかけたとすれば、それは、単にきれいな星のことを述べているだけではなく、並んで立つ二人と星の輝く夜空との空間的構図をも表現しているのです。

このような、他者との関係で成り立つ自己知覚をインターパーソナル・セルフと呼び、前に述べた、対象知覚における、対象と自己の相補的な関係で成り立つ自己知覚をエコロジカル・セルフと呼びます。

現実の世界における空間的構図のイメージは、当然この両者によって成り立っているのです。

*3 　E.T.ホール (1970) かくれた次元, 日高敏隆・佐藤信行訳, みすず書房.
*4 　J.J.ギブソン (1985) 生態学的視覚論——ヒトの知覚世界を探る——, 古崎敬・他訳, サイエンス社.

4
生態学的知覚論からみた対象の意味

人間は「地」の上に「図」を見ようとする

　これまで、対象や対人的な構図も含めて、環境と自己の知覚の問題を「これ」「ここ」など、何か静止した情況で考えてきましたが、空間的・時間的出来事としての環境の知覚は、実は運動(行為)の中で生じるのです。

　西洋の伝統では、人は「ここ・今(hic et nunc)」という情況にある、いわゆる永遠の現在を生きるのだ、という、一見矛盾する言い方が行われてきました。しかし、生態学的な知覚論では、対象の知覚は、一切が静止した情況で行われるとは考えません。むしろ積極的に対象を動かし(あるいは運動・変化する対象の光学的変移について)、また自己自身が動くこと(探索行動)によって、対象の知覚がなされると考えるのです。

　この考え方は、ゲシュタルト心理学においてなされた、要素主義的(連合主義的)心理学への批判をさらに推し進めたものとも考えられます。一定の音の組み合わせによってつくられるメロディーは、一つひとつの音が変化しても、それらの関係が同じ(移調する場合など)であれば、同じメロディーとして知覚されます。したがって、対象の知覚(メロディーの特定)は、一つひとつの音符(要素)の刺激を、心的に連合させることではなく、メロディー(カタチ＝ゲシュタルト)そのものを知覚しているというのが、ゲシュタルト心理学の基本的

な考え方です[*5]。そこでは、知覚は外的な刺激を、単に受身的に知覚しているのではなく、他のさまざまな音の中から、メロディーをそれとして取り出して、聞いているのであり、積極的にそのメロディーをそのメロディーとして、能動的に知覚しているのです。図5はどのように見える

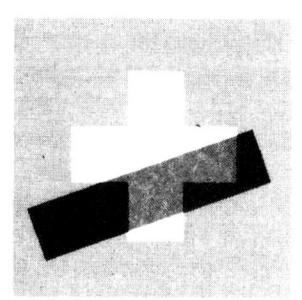

図5 透明視の実験

でしょうか。灰色の背景の上に黒い帯があり、その上に白く透明な十字形が置かれているか、あるいは白い十字形の上に黒い透明な帯があると見るのが自然な見方でしょう。十字形に合せて置かれた二つの白い部分と、帯状に合せて置かれた三つの黒っぽい図形、そしてそれらを除いた灰色の図形、というように、六つのバラバラな図形であると見るのは、かなり無理があります。このように、対象をより安定して単純な完結した形態としてとらえようとする傾向を、プレグナンツの法則と呼びますが、私たちは 対象を知覚するとき、このように何らかの「地」(上の図では灰色の正方形)の上に「図」(カタチ＝ゲシュタルト、白い十字形と黒い帯)を見ようとするのです。

「…として見る」という考え方をさらに進めて

このような「地」と「図」の関係を確認できる例として、意味的反転図形が挙げられます。

次ページの図6はE.G. ボーリングが提出した「妻とその母」の絵です。この絵は見方によって、若い女性が右うしろを振り返っている姿とも見えますし、年老いた鼻の大きな女性が、顎をひき少し口をあけて上目遣いに前を見ている絵と見ることもできます。この

ような図形を意味的反転図形といいますが、このことからも、知覚（視覚）が光の点（要素）の集合（刺激）を受身的に見ているのではないことがわかるでしょう。

このように、「…として見る」というゲシュタルトの考え方をさらに進めて、「地」と「図」の関係ではなく、自己を包囲する光の配置とその変化に着目し、知覚される対象に、人にとっての生態学的な意味（価値）の実在をみとめるのが、生態学的知覚論の特徴です。

図6　E.G.ボーリング「妻とその母」

一定の環境の中で、特定の特徴をもった対象は、人に対して特定の意味（価値）をもち、行動を促したり、一定の行動を可能にしたりします。このような価値や意味が、人が認識する以前に、対象そのものに備わっているというのです。

アフォーダンス理論の特徴

階段状の対象は、そこを昇り降りしたり、疲れていれば休憩のために腰掛けたりすることを促します。このように一定の特性を持った環境要素が動物（人）に働きかける可能性を、J.J. ギブソンはアフォーダンスと名づけました。生態学的知覚論におけるアフォーダンスの理論の特徴は、先に述べたような対象知覚と自己知覚の相補性（同時性）ということに加えて、それらの知覚が直接的であり、またそれらの知覚のための探索活動（行為）が、当の知覚される対象に

によってガイドされるという、知覚と行為の循環にあるといわれます。
　アフォーダンスは自然や環境の要素が、それ自身もっている、環境に実在する意味であり価値であるとされています。もちろん、ここでいう意味や価値は、動物の種によってさまざまです。人にとって川原に面した大きな石は、その上に座ることをアフォードしますが、小さな虫たちは、その石の下に居場所を見つけています。このような、種によってさまざまな居場所をニッチと呼びますが、例えばこのようなニッチとしての性格(動物にとっての意味や価値)は、その動物が居るか居ないか(それらが知覚されているかいないか)に関わらず、自然の事物に備わったものだというのです。そして生態学的知覚論では、環境の意味を知覚することは、なんら心的な過程を経ることを必要とせず、直接的に知覚されているとするのです(知覚の直接性、すなわち心的過程〈感覚と知覚と認識〉の問題については、ここで詳しくは述べませんが、行為と知覚の間に概念などの構成を前提しない、つまり考えてから行動するわけではないというくらいの意味で理解しておいてください)。
　次に、探索活動(行為)と(アフォーダンスの)知覚との循環ということですが、それは対象のアフォーダンス(の知覚)は、それを積極的に探索するという行為によって知覚されるものであると同時に、その探索行為がその対象のアフォーダンス自体にガイドされるというものです。

グラスのカタチとアフォーダンス

　ここでもあのグラスを例に見てみましょう。
　円筒形のグラスを知覚する場合、一定の視点からのグラスの形態の見え(感覚映像)は、楕円と長方形の合成された輪郭(カタチ)をもっ

ています。少しずつ視点を変えて（あるいはグラスの位置を色々に変化させて）見ていくと、その見えも少しずつ変化し、真横から見ると長方形に、真上から見ると円に見えることになります。つまり対象（円筒形のグラス）の感覚映像は視点によってさまざまに形が変化するのです。しかし私たちはその

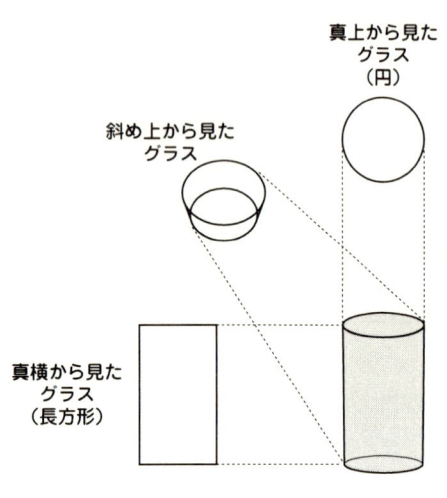

図7　円筒形のグラスの知覚

ような連続的に変化する感覚映像によって（どれ一つ同じでない感覚映像に従って）それを一つの円筒形のグラスであると知覚します（図7）。これが前述した光学的配置の変化における不変項ということなのですが、ここで注意するべきことは、色々な視点から見るといっても、対象を円筒形であると知覚するには、対象の形態（円筒形）に従って視点を変えることが必要だということです。円筒形はその中心に対称軸をもつ形態ですが、この対称軸に沿って回転させる場合、真上あるいは真下から見ていると、いくら回転してもグラスの感覚映像（輪郭）は円のまま変化しませんし、真横から見る場合も同様に長方形のままです。そして斜め上から眺めている場合も、回転中ずっと同じ輪郭を保つはずです。真横から徐々に視点を変化させ、ちょうど円に見える真上の位置まで変化させると、先に述べたさまざまなカタチが連続的に現れるのです。円筒形のグラス「である」こと（認識）も円筒形のグラス「がある」こと（存在）もこれらの変化する光

学的配置における不変項（円筒形のグラスを特徴づけているもの）の知覚によるというのです。

　ここでグラスが円筒形をしているということが重要です。グラスはその素材とカタチによって「液体を入れる容器」という役割（アフォーダンス）をもつことができるのであり、それを傾けると中にある水は外にこぼれる（口の中に注げる）という、そのアフォーダンスに従って（カタチに沿って）視点を移動したり動かしたり（回転）することによって　グラスを円筒形のグラスとして知覚できるのです。

　もっと端的に言えば、水の入ったグラスをもち、冷たい水を飲むという行動を実際に行うことで、グラスの形や意味が、直接知覚されるというわけです。

アフォーダンスは対象と自己との関係によって決まる

　斜面に沿って山頂まで続くつづら折の道の道程は　そこを実際にたどっていくことによって　その形態（つづら折であること）を知ることができるのであり、もし遠くからこのつづら折の道の全体を見通すことのできる視点があったとすれば、そのときは、視線がこのつづら折のカタチをたどること（トレースあるいは探索行動）によって、道の形態が知覚されます。

　また、アフォーダンスの知覚は、行為者の能力やスキルによっても左右されます。

　熟練したロッククライマーは、目のくらむような断崖であっても、登ることができますが　一般の人にはとてもまねができません。このような行為者が実際に実現できるアフォーダンスの可能性をエフェクティビティと呼び、事物の側に実在するアフォーダンスに対して動物（人）の側の特性であるとされています。

このように考えると、アフォーダンスとは、知覚における対象と動物（自己）との関係によって決まるものだということになります。実際、日常生活において、住宅に居て天井裏に登るというようなことは、特別な理由がなければ、ありません（アフォードしません）が、ネズミや小さな虫たちにとっては、そこは恰好の住処にもなるのです。

生活空間にあふれるアフォーダンス

ところで、このようなアフォーダンスの事例は、環境と生物との間に存在するアフォーダンスであり、人間の社会・文化的活動におけるアフォーダンスと区別して、前者を自然的・感覚運動的アフォーダンス、後者を意図的アフォーダンスと呼びます。

日本の家屋では玄関（土間）から上がるときは履物を脱ぎます。玄関の上がり框（かまち）は、履物を脱ぐことをアフォードします。これはお花見などでゴザやシートを敷いた場合も同様です。昔は玄関先に打ち水をする風景をよく見かけました。現在でも格式の高い料亭や旅館などでは、お客さんを迎える前に打ち水をする習慣が残っているところがあります。これは、埃（ほこり）などがたたないようにするという実用的な面もありますが、水には一種の浄化作用、清めの能力があると信じられているからだといわれています。実際、神社などへ参拝するときや、お祭りで神様を迎える儀式など、さまざまな場面で水に関連した行為が行われます。アフォーダンスの理論は、このような象徴的・文化的な意味も含むのです。

このように、私たちの生活空間は、自然的アフォーダンスや意図的アフォーダンスの情報であふれています。日常生活では、このようなアフォーダンスの中から、その場所と行為にふさわしい、環境

の意味が選択的に取り出され、実現されているのです。

　したがって、さまざまな行為の表現には、私たちが空間をどのように了解しているのかということ(環境や空間の把握の仕方)と、その時々に生活環境をどのように形づくっているか(環境や空間の構成の仕方)が表現されているはずです[*6]。

　まちづくり、あるいは現在のまちの姿は、まちづくりという行為の結果であり、表現です。そして、そのまちの環境は、そのまちの構造によってガイドされながら知覚され、行為の出来事も、そのガイドにしたがって遂行されるのです。したがって、まちのカタチを見れば、そのまちがつくられてきた過程で、周囲の環境(自然)をどのように理解し、関係を築いてきたか、また、人々がまちの環境をどのように理解し、まちをどのように構成しつつ生活しているのかがわかるはずです。

[*5]　K.コフカ (1998) ゲシュタルト心理学の原理，鈴木正弥訳，福村出版．
[*6]　本田啓 (2005) アフォーダンスの認知意味論—生態心理学から見た文法現象—，東京大学出版会．

5

行為の出来事とその表現

知覚システム・行為システムとしての生命

　これまでアフォーダンスという考え方を通じて環境の意味について見てきました。では、そのようなアフォーダンスを知覚するヒトの側に眼を転じてみると、今度はどのようなことが言えるでしょうか。

　近年研究が進んでいる生命システム論にオートポーエーシス・システムと呼ばれる考え方があります*7。聞きなれない言葉ですが、直訳しますと、自己制作(自己生成)システムとなります。この考え方の特徴は、生命は生命である限り自分自身を生成し続ける。自己生成を続ける限りにおいて自己の境界を決定し、また維持し続けることができる。そして、その生成過程は自己言及的(auto-reference)であるというものです。

　少し難しいですが、生命システムは自己生成するときに自分自身を参照し、自分自身を語る(表現する)とでも言えば理解しやすいでしょうか。一本の草花は、双葉のときには双葉の形(境界づけ)を、成長して花を開くときには、たとえばひまわりの形を現します。ひまわりは太陽の移動に伴って花の向きを変えますが、その一瞬一瞬に、常に同じひまわりであり、ひまわりであることを表現しています。

　ヒトもその誕生から大人へと成長していく中で、またさまざまな

行動をする中で、一見自由に形を変えているように見えますが、その一瞬一瞬は(永遠の現在というものです)、自分自身を表現しているとしか言いようのないものを表現しています。言い換えれば、ヒトは自己と環境を知覚すると同時に自己と環境について語っているということです。

　ここであのアフォーダンスの理論を思い出してみると、自己知覚は環境の知覚とセットでした。そして環境の意味の知覚は探索活動としての行為とセットでした。そうしてみると、生命システムとしてのヒトは知覚システムであると同時に行為システムでもあり、行為することにおいて自己自身を知り、自己自身を語ると同時に環境とヒトとの関係(境界づけのあり方)についても、その都度確定(表現)していることになるのです。

行為の図式と環境の意味

　しかし、もしヒトがオートポイエーシス・システムだとしても、自己言及的であることと発達・成長による知能や身体の変化、それに千変万化する環境の中でも自在に行動し、事態を切り開いていくことができるという事実は矛盾しないのでしょうか。これはヒトのもつ創造的な能力とも関係する問題です。

　発達心理学の権威であるJ.ピアジェは幼児の発達にとって行為の図式(シェマ)が重要な役割を果たすと言っています[*8]。発達の初期の段階では比較的単純な図式(たとえば「目の前のもの」と「つかむ」など)が形成され、このような感覚運動的なシェマが獲得されると、他のものに対しても「つかむ」という行為が生まれます。「つかむ」行為でつかまれたものは、「○○をつかむ」というシェマに同化され、つかむ対象に合わせたつかみ方が獲得されることを調整といいます。

このような同化と調整を繰り返すことによってシェマは進歩し、さらに相互に結びついたり（シェマの協応）、さらに大きな（複雑な）シェマに同化されるなどして次第に体系化され、複雑な動きや多様な対象に対する行動と認識の枠組みが形成されるのです。

　ピアジェによれば、シェマとは「一定の感覚的映像と運動反応とが主体の内部に形成するひとつの円環的なまとまり」であるといわれますが、ここでいう感覚的映像は、多くの音の中から特定の話し声だけを聴く場合のように、能動的な活動に結びついて初めて成立するといっています。そして行為のシェマは記号が意味するもの（能記 signifiant）と意味されるもの（所記 signifié）の結合であるように、感覚的映像を能記とし、運動反応を所記とする相互依存するふたつの項のまとまりとして説明していますが、「対象への行為が所記であり、能記はシェマの円環の何らかの局面である」ともいっています。つまり行為を促すもの（能記）と行為（所記）とをひとつのシェマの中で固定的に確定することができないということです。

　このことは、行為のシェマが可動的であることを意味しており、可動的であるからこそシェマが発達の中心的な役割を果たすことができるのであり、多様な認識と行動が可能になるのです。

　紙と鉛筆があれば、「メッセージを残す」という行為（シェマ）が成立します。もし鉛筆がなければ、ほかに書けるものを探すでしょう。では、紙も鉛筆もなく、そこが運動場の真ん中だったらどうでしょう。もしかしたら石を拾って地面に文字を書くかもしれませんし、自分の指で書くこともできます。石（指）と（土の）地面が「メッセージを残す」というシェマに同化されたのです。このとき、地面の石（自分の指）に「文字を書く道具」という意味を見出したことになり、一方で「メッセージを残す」という意図、自分自身の足跡が実現さ

れたことになります。

　少し難しい話になりましたが、アフォーダンスと行為、そしてヒトと環境との相互作用が自己言及的に表現される、その行為の出来事の中で知覚・行為システムとしての生命システムが自己を実現すると同時に環境との境界を画定し意味づけるという構図が理解されたと思います。

行為の出来事

　ところで、運動場にメッセージを書いている自分がいるとして、書いている本人は意外とその行動の意味に気づいていないのではないでしょうか。土の感触と指に伝わる抵抗力などは確かに本人が一番理解しているでしょうし、何か意図があって書くのですから、「何を書くか」は本人次第です。しかし、君は「文字を」書くという行為を実行し、運動場に「文字を」残しただけですが、「文字を書いている君を」見ているのは君以外の人たちです。その行為の結果、その出来事の意味は、それを見ているほかの学生たちのほうがよほどはっきりと理解するはずです。大きな文字を描いている君のことを校舎の上から眺めている友達や教員がいたとしたら、その人達こそメッセージを書いている君の姿を(誤解も含めて)、衝撃をもって受け止めるのではないでしょうか。

　これはそうとう非日常的な例になりましたが、行為には実効性の側面と表現性の側面があるということです。そして、実は行為している本人が気づかないこと、日常的で習慣になっているような行為の中にこそ、その人の人柄やその行動の地域的・文化的な背景などが現れているものなのです。

人と行為と環境の構図が絡み合う

　これまで述べてきたように、環境を構成するさまざまな要素と、一定の構えをもって行為する人の、行為の出来事は、それを他所から眺めるもう一人の人から見られ得るという性格をもっています。環境の中での行為の出来事は、それ自身、何事かを他者に対して表現しているのです。

　行為の出来事によって表現されるものはさまざまですが、ここでは以下のことを確認することにとどめておきます。

　まず、行為の出来事は、その地域の慣習や文化的特性などの、行為の規範を表現します。玄関では靴を脱ぐ。最も大切な客には床の間のある座敷の奥に座ってもらう。そのほか、日本間での立ち居振る舞いや、礼儀作法全般は、行為の合理性とともに、日本の家屋における、一定の価値観を含む共同体の規範的な行動様式を表現しています。

　初めてそこを訪れた人は、そこでの人々の行動を真似する（トレースする）ことで、共同体への参加（イニシエーション）を表明するのであり、共同体の規範は身体を通じて学ばれるのです。

　また、行為の出来事は、結果として形づくられた地域の環境要素の意味を、あらわにします。人間の生活空間としての環境は、自然環境も含めて、上で説明したような人と行為と環境のさまざまな構図を、複雑に絡み合わせながら、一つの構造をもつものとして、整えられています。一軒の家も、門扉や生垣、玄関や庇、座敷や居間、庭やポーチなど、街路や隣地との境に対して、さまざまな形で接し、構えているように見えるはずです。茶室の露地の分かれ道に置かれた結界の石は、そこから内へは入らないこと、または進むべき方向

が別にあることを示します。ここでは、石の置かれていない方の路(みち)を選んで進むという行為が、その石の意味を発現させているのです。

そしてまた、そのように整えられた構造は、その地域の気候や風土性などを表現します。風の強い地域の農村集落では、屋敷の一定の方向(風の方向)に防風林を設けている場合があります。また、雪の多い地方では、屋根を支える構造が頑丈で、屋根の傾斜をゆるやかにし、軽い素材でつくる場合や、合掌(がっしょう)造り(写真3)のように、急勾配(こうばい)にした屋根裏で、蚕(かいこ)を飼う空間を確保するような場合もあります。何よりも、家をつくる材料を見れば、その地域に萱(かや)が多く産するのか、

写真2　桂離宮の蹲(つくばい)

写真3　合掌造りの民家

また良質の土が産するのかなど、地域の特性が表現されているものです。

環境を知ることは私たち自身を知ること

このように生活環境は、さまざまな行為の出来事を可能にするように構造化されていますが、また同時に、行為の出来事は、規範に

従うこと、逆に言えば禁止すること、してはいけないことを表現しているとも考えられます。人は何もしなければ(規範に従って行動していれば、あるいは匿名性の中に隠れていて露見しなければ)とがめられることはありませんが、規範を逸脱した行為をしたことが発見されたとき初めて、その共同体における、一定の状況での価値観や美意識が顕在化する(学ばれる)ということも、よくあることでしょう。子どもの成長の過程を思い浮かべれば、「…してはいけない(制限・タブー)」と「…しなければいけない(必然・倫理)」(この二つの事柄には大きな違いがありますが)という表現によって、子どもたちは多くのことを学びます。そしてこのような表明(非言語的なものも含めて)そのものが、行為の出来事として、共同体の規範を表現しているのです。

　したがって生活環境は、さまざまな人間の行為の出来事の蓄積によって形づくられているともいえます。行為には、行為の規範や意味を示す表現性の側面と、環境に一定の影響を与えるという実効性の側面とがあるのです。生活環境はその地域の地理的条件や社会・経済的背景など、さまざまな環境と人との相互関係の上に遂行される行為によってつくり上げられたものなのです。

　山間の農村には、棚田の風景が広がり、林業が盛んな地域には美しい杉林が形成されます。門前町や寺内町、宿場町や城下町など、町の形態や町家のたたずまいは、その町がどのように形成され、どのように受け継がれ、どのような生活が行われてきたかを物語ります。現代の都市や工業地帯などの都市景観も含めて、それらはすべて、企業活動、生産活動、経済活動、文化的活動など、人々の生活活動によって形づくられたものです。

　したがって、環境は人間の活動のあり方を映す鏡だともいえます。環境を知ることは、私たち自身を知ることでもあるのです。

*7　H.R.マトゥラーナ・F.J.ヴァレラ（1991）オートポイエーシス　生命システムとはなにか，河本英夫訳，国文社．
*8　J.ピアジェ（1978）知能の誕生，谷村覚・浜田寿美男訳，ミネルヴァ書房．
波多野完治監修（1984）ピアジェの発生的認識論，国土社．

6

生活景を読む

日常の経験はすべて「生活景」によって構成

　生活空間を構成する行為には、さまざまなものがあります。農業や水産業、林業などの産業活動によって形づくられる景観もありますが、鉱山や採石場もある種の景観を形成しますし、鉄道や港などの交通、工場や発電所、商店や大規模な商業施設なども私たちの生活環境の一部であり、良くも悪くも一つの景観をつくりだしています。

　日常生活の中で形成される景観は、産業活動がつくりだす景観に比較すると小規模で繊細なものですが、身近なものであるだけに、一日の中の時間帯によっても変化しますし、季節の行事や祭りなどの文化的側面も、よく反映されており、まちづくりを考える上では大切な手がかりになります。

　近年このような人々の生活行為によって形成される景観の構成要素、あるいはその景観の全体を「生活景」と呼ぶようになってきました。そして地域の生活景を知ることで、ソフト・ハード両面から、地域のまちづくりや都市計画にそれらを活かしていこうとしているのです[*9]。

　それでは生活景はどのように表現されているでしょうか。もちろん私たちは日常の街角の風景の中に、生活景を見たり経験したりしています。むしろ私たちの日常の経験は、すべてこのような生活景によって構成されているともいえるでしょう。生活景は本来そこに

展開する状況の全体、すなわち色や形ばかりではなく、匂いや音、光や影の移ろいなど、さまざまな要素の総合的な経験として、知覚されるものです。しかしそれらを分析や検討の対象として扱うためには それらを客観的なカタチ、すなわち表現されたものとして抽出する（全体の中から抜き出す）という操作が必要になります。本来総合的な知覚経験である生活景を、どのように表現し得るのかということ自体が、たいへん大きな課題でもあるのですが、ここでは滋賀県内で主に視覚的な表現媒体を通じて見ることのできる、歴史的な生活景の事例を、現在の景観と比較しながら紹介したいと思います。

地理的条件に規定される生活景

● 湖岸の集落（高島市マキノ町海津）

まず、地理的な条件がつくりだす景観の事例として、高島市マキノ町海津の景観を挙げたいと思います（写真4、巻末地図）。

海津の集落は琵琶湖の北西の湖岸に沿って発達した集落です。背

写真4　琵琶湖に臨む海津の集落

写真5　海津の集落内のカバタ

後に山が迫り、海津大崎から知内川へ至る入江に面し、福井県の山間を抜けて琵琶湖へ出る場所に位置し、福井県や敦賀地方からの物資を大津、京都へと運ぶ、一大中継地として発展しました。

　背後に山並みが迫り、琵琶湖に面した集落は、湖岸に沿って高い石垣を数百メートルにわたってつくり、集落内を通る道筋から、琵琶湖岸へアプローチするための階段が各所に設けられています。この石垣は江戸時代に築造されたものですが、現在も特異な集落景観を形づくっています。民家の屋根は湖岸に向かって妻面（図8）を見せる形をとっていますが、これは琵琶湖からの強い風を考慮したものであり、頑強な石垣は　琵琶湖の波に洗われながらも、今日でも集落の特徴的な景観を守っています。

　集落の中央を貫く道沿いには、写真5のような、大きなカバタ（水路を利用した水事場）が設けられ、階段の傍には小さな祠が祀られて

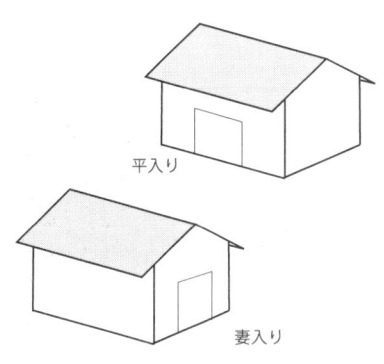

図8　建築物の妻と平

写真6　摺針峠から琵琶湖を望む

います。さまざまな生活用水として、水を大切に扱ってきた集落の歴史がしのばれる場所です。

●摺針峠の望湖堂（彦根市鳥居本町）

　次に、中山道の宿場町である鳥居本の集落に程近い、摺針峠（磨針峠）について紹介します（写真6、巻末地図）。

　中山道を柏原から、醒井、番場と山並みの中を歩いて鳥居本の宿場をめざすと、摺針峠と呼ばれる峠に出ます。峠の頂上付近には、かつて望湖堂と呼ばれた大きな茶屋の建物があり、名物の摺針餅で旅人をもてなしました。望湖堂の名のとおり、そこからは遠く琵琶湖の水面が見え、遥か遠くの比良山系も望むことのできる、景勝地でもありました。望湖堂は茶屋とはいっても参勤交代の大名や朝鮮通信使も立ち寄るなど、本陣に近い機能をもっており、険しい山道を歩いて鳥居本の宿場をめざして旅した人々が、ここまで来ればも

写真7　長浜市木之本町杉野の木橋

写真8　長浜市木之本町杉野の棚田とため池

う一息という距離で、一時の休憩をとる場所でもあったのです。残念ながら近年の火災で望湖堂の建物は焼けてしまい、民具や文献などの資料も失われてしまいましたが、今も琵琶湖を望む景観は当時の賑わいをしのばせます。

●谷沿いの集落（長浜市木之本町杉野）

　長浜市木之本町杉野の集落は、山間の深い谷川を挟むように形成された、林業と農業を主な産業とする集落です（巻末地図）。

　集落の中央を流れる杉野川には、往来のための木橋が架けられています（写真7）。集落の背後と川の上流側に田畑を開き、その上流に堰(せき)を設けて水路をつくり、山からの湧き水も利用しながら、各所にため池をつくり、田畑の灌漑(かんがい)と生活用水に利用しています（写真8）。谷川の水は、谷が深いため、利用できないのです。

　また、民家の庭あるいは内部の土間に井戸を掘り、山側の民家から谷側に向かって水を流すとともに、各所に枡(ます)を設けて、生活用水

とし、民家の中庭に水辺空間をつくるなど、ここでも、水を大切に扱ってきた様子が、集落のあちらこちらに見られます。

産業活動により形成される生活景

● 棚田の景観（大津市仰木）

　次に、地理的な条件に規定されながら、地域の産業活動によってつくりだされる景観の事例として、大津市仰木(おおぎ)の棚田の景観を挙げたいと思います(写真9、巻末地図)。

　大津市仰木は琵琶湖の西部に形成された山脈の麓に位置し、集落周辺から琵琶湖に向けての急斜面を開墾(かいこん)することにより、広範囲にわたって、棚田の景観が形成されています。

　棚田の周辺には灌漑用の水路が棚田の形状に沿うようにつくられ、基本的に高い位置から順に灌漑されていますが、それぞれの水路には一定の灌漑範囲と順序があり、棚田が開墾されていった経緯があ

写真9　大津市仰木の棚田の景観

る程度理解できます。

　また　仰木のこの集落の場合は、集落は棚田の北東の山麓に形成されていますが、地形の起伏が大きいため、それぞれの家屋は、石垣によって水平な敷地を確保するように建てられており、独特の集落景観を形成しています（写真10）。

　滋賀県大津市には穴太と呼ばれる地域があります。そこでは　穴太衆積みと呼ばれた優れた石垣造りの手法が有名で、多くのお城の石垣などに使われました。

　石垣造りの技術は　このような平地の少ない地域における宅地の造成などにも活かされ　独特の集落景観の形成にも一役かっているのです。

写真10　仰木の集落景観

●林業がつくりだす景観

　林業も独特の景観をつくりだします（写真11）。

　間伐や下草刈り、枝打ちなど、数々の手間と労力をかけ、数十年の年月を経て形成される林業による景観は、自然と人の活動がつくりだす景観の中でも、そのサイクルの長さに特徴があるといえるでしょう。製材に適した大きさまで育成されるまでには、切り出し後の山肌の見える景観から、苗木が規則正しく植えられた景観、間伐や枝打ちなどを繰り返しながら、成長した山林の景観へと徐々に変化していきます。伐採された間伐材や木材は、林道や河川を使って

運搬されます。木材の流通経路には、製材や乾燥のための施設がつくられます。

木材の切り出しや運搬、建物や橋などの築造に関わる行事の例としては、伊勢神宮で20年に一度行われる式年遷宮における一連の儀式が挙げられます。御杣山での用材の切り出しに際して行われる山口祭に始まる一連の儀式は、神宮の建設に使用される用材を運搬し、川から曳き揚げて神宮まで運ぶ、御木曳初式など、数年間をかけて新宮が築造されるまで続けられます。これらの儀式をみると、神事としての宗教的な意味の背後に、山や樹木などの自然に対する畏敬の念や、川や水に対する清新なイメージをもっていることに、改めて気づかされます。

写真11 北山杉の美林（京都市）

水産業などがつくりだす景観

琵琶湖では古くからエリ（魞）と呼ばれる仕掛けを使った漁が盛んで、舟を出してエリで獲れた魚で客をもてなす、エリ遊びなども行われました（写真12）。

近年は湖岸堤などの開発にともなってあまり見られなくなりましたが、北湖の遠浅な場所などで、多く行われていました。

また、琵琶湖の東に広がる湖東平野には、古くは数多くの内湖が存在しました。安土山のふもとに広がる大中の湖干拓地は、その名の通り古くは現在の西の湖をはるかにしのぐ広大な内水面であり、安土城も湖に面して建っていたのです。

写真12　埋立地の公園とエリ（守山市）

写真13　淡水真珠の養殖場（草津市）

　内湖や琵琶湖の湖底の泥は汲み上げて農地の拡大や肥料として利用されたり、また日常生活ではオカズトリといって、魚とりの場所でもありました。また場所によっては淡水真珠の養殖にも利用されるなど、特徴的な景観をつくりだしていたのです（写真13）。

●旧穴村港（草津市志那中町）

　中央に琵琶湖を擁する滋賀県では、水運は重要な交通手段でした。大津坂本をはじめ、長浜、海津など各地に港が開かれていましたが、草津市の志那中にあった穴村港もかつては定期船が就航する主要な港の一つでした（巻末地図）。

　港から内陸部に入ったところにある穴村は「もんもん」と呼ばれ

写真14　旧穴村の港

写真15　水質浄化用ハーブ園
（浮舟地区）
写真中央が旧穴村港

た墨灸がよく効くと評判が高く、多くの人々が港から車を雇って通ったということです。現在は大部分が埋め立てられてしまいましたが写真14のように、かつての待合の建物などが今も残っています。

　内湖の埋め立てと排水路の整備による排水の直接的な流入は、琵琶湖の水質悪化の一因ともなってしまいましたが、滋賀県では「みずすまし構想」の一つとして、この周辺の水質改善対策として排水路の迂回路をつくり、水生植物などを栽培するなど、水質浄化の活動が行われています（写真15）。

　港の景観は失われましたが、住民参加の活動が盛んになれば、新しい生活景が育っていくことになるでしょう。

文化的活動がつくる生活景

　文化的な活動がつくりだす生活景として、祭りに関係した景観が挙げられます。

　山車を曳く祭りは京都の祇園祭が有名ですが、滋賀県内でも大津、長浜、日野などに独特の形式の祭りがあります。**写真16**は日野祭の様子ですが、各町ごとに趣向を凝らした飾り物を載せた山車が町内をめぐります。

　写真をよく見ると、電線がずいぶん高い位置にあることがわかると思いますが、これは山車がめぐる道沿いの電信柱だけ、通常よりも高いものを設置して、山車が電線に触れないようにしているのです。

　また、日野祭の特徴のひとつに、桟敷窓が挙げられます（**写真17**）。山車の順路にあたる家の前庭を塀で囲い、ふだん閉じている格子の窓枠をはずして、簾と赤い布で飾り、内部に桟敷を設けて座敷と連続させて、祭りを見物する趣向です。山車や神輿の行列に花を添える町の風物詩となっています。

　山鉾の巡行で有名な京都の祇園祭では、約1ヶ月にわたってさまざまな行事が行われますが、祭りのハイライトであ

写真16　祭りの生活景（日野町）

写真17　祭りの生活景（桟敷窓、日野町）

る巡行の前に、宵山、宵々山の行事が賑やかに開催されます。それぞれの山鉾町では、屏風祭といって、ふだん閉じられている格子をはずし、また見世の間や路地を開放して、代々伝わる道具や調度などをお披露目する行事が催されます。年ごろの娘さんがいるお家では、娘さんが接待に顔をだすことで、一種のお見合いの場にもなっていたともいわれています。

　写真18は山伏山の屏風祭の様子ですが、2階の格子をはずすと、山に載せる人形が置かれ、ふだん内部を見せることのない町家が、町なかのギャラリーに変わります。

　鯉山の場合は、町家の奥へつながる路地を開放し、蝋燭を献じることができます（写真19）。「…明日はでまへん　今晩かぎり…」と歌う子どもたちの声を聞き、蝋燭を献じた人も多いと思いますが、それぞれの山鉾町

写真18　祇園祭山伏山の屏風祭（京都市）

写真19　祇園祭鯉山のお蝋燭（京都市）

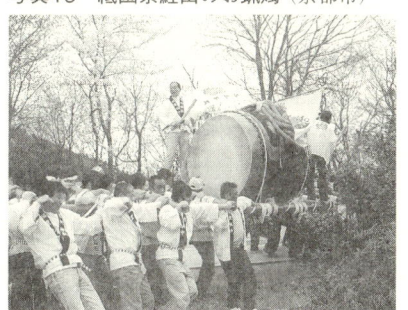

写真20　稲村神社の太鼓登山（彦根市）

でさまざまな趣向の行事があり、ふだん目にすることのできない、町や町家の空間構造の奥深さを感じさせてくれます。

　彦根市の荒神山(こうじんやま)の山腹に位置する稲村神社の春季例祭では、各町から太鼓と鉦(かね)を鳴らしながら、神社までの参道を登る行事が行われます(写真20)。重さ1tを超える太鼓を数十人の担ぎ手が険しい山道を登って神社まで運び上げ参拝するという祭りですが、近年は担ぎ手の不足もあり、県立大学の学生もボランティアで参加しています。

日常の生活景

　これまで産業活動や文化活動にともなう生活景について見てきましたが、生活景という概念では、むしろ日常生活における景観が重要です。

　ここではそのような日常の生活景の事例を紹介します。

　甲良町(こうら)は町内を流れる多くの水路を活用した、住民参加のまちづくりで注目を浴びた地域です(写真21)。犬上川(いぬかみ)の上流に堰を設けて引いた用水路などを中心に、それぞれの地区毎に水辺を活かしたまちづくりを提案し、住民の手でさまざまな空間を演出しています。

　水路の水の浄化はもとより、水路沿いに木製の遊歩道をつくったり、住民の手で石垣を組んだり、また写真22のようなベンチを水路の上につくるなど、さまざまな試みを通じて、町の特徴を活かしたまちづくりが行われています。

　水路は農業に欠かせないものですが、雨水や生活排水なども流されることにより、油断するとヘドロの溜まった汚い場所になってしまいます。特に近年の用水路の整備における、いわゆるコンクリートの三面張りなどによって、自浄能力が失われ、生物の住めない川

写真21　水辺を活かした生活景（甲良町）

写真22　水辺の生活景（甲良町）

となってしまった例が多いのです。

　以前の改修工事や圃場整備は、合理的で近代的な農業を行うために、方形の農地とまっすぐな水路をつくることで、できるだけ手間のかからないことをめざした面がありました。

　そのことは、同時に、私たちの環境に対する配慮ということを忘れさせる方向に向かっていたのです。上水道の整備によってきれいな水は簡単に手に入れることができるようになり、野菜を洗ったり、洗濯をするのも、同じ上水道を利用するようになりました。川の水をきれいに保つ努力は不要になったというわけです。

　アフォーダンスの理論からみれば、水辺は本来子どもたちの遊び場であり、虫や魚とりの場所であり、暑い夏の日には涼をとる場所にもなり、また信仰の対象であったり神様を迎える場所ともなるはずなのです。

環境に配慮することは、環境のアフォーダンスを知ることと同時であり、アフォーダンスの多様性がある場所は、同時に魅力的な場所でもあるのです。

　ここまでは、主に写真などの視覚的な表現媒体を通じて、日常経験に近い始点から生活景について見てきましたが、少し視点を変えて、別様の表現媒体から見える生活環境のカタチとアフォーダンスの関係について見ていきたいと思います。

　環境のカタチを表現するものにはさまざまな形式がありえますが、次章では主に空中写真と地形図・都市計画地図などの媒体を利用して、集落の空間構造の変化や、新しい景観形成の過程などについて見ていくことにします。

*9　日本建築学会（2009）生活景―身近な景観価値の発見とまちづくり―，学芸出版社．

写真23　子どもの視線（長浜市）

写真24　川遊び（長浜市）

7

空中写真から見えるもの

空中写真と地図情報を手がかりに

　地域の景観の変遷を知る手がかりとして空中写真（航空写真）を利用すると、多くの情報を得ることができます。最近ではインターネットの閲覧サービスなどを通じて、現在の空中写真については、手軽に閲覧することができるようになってきました。

　日本では、国土地理院に過去の地図作成時などに撮影された空中写真が保存されており、近畿地方であれば、大阪にある㈶日本地図センター大阪事務所で、西日本地域の空中写真を閲覧することができます*10。

　最も古い空中写真には戦後米軍によって撮影されたものなどがあり、以降数年ごとに撮影された写真が保存されていますので、集落や自然の経年的な変化を読み取ることもできます。

　また地形図や都市計画図には表現されない、仮設的な事物や小さな対象も比較的克明に見ることができますので、当時の生活についてより詳細に見ることができるのも、空中写真の魅力です。

　以下では空中写真と地図情報を手がかりにして、空間分析のいくつかの事例を紹介します。

草津市志那町の蓮海寺周辺の水面と街路

　写真25は滋賀県草津市の北西、琵琶湖に近い志那という集落に

写真25　現在の蓮海寺と庭園（草津市）

写真26　志那浜の蓮見（「年表にみる草津のあゆみ」より）

建つ蓮海寺というお寺です。この写真は琵琶湖側から見たところですが、手前に大きな池があり、お寺は石垣で囲まれています。よく見るとお寺に向かって右寄りには常夜灯が立てられているのがわかります。

　実は以前蓮海寺は琵琶湖に面して建っていたのです。写真26は江戸時代に描かれた蓮海寺の絵図です。この蓮海寺あたりは当時蓮見の名所として知られた場所でした。

7 空中写真から見えるもの―――51

写真27 1961年の志那集落

　写真27は1961年(昭和36)の空中写真で見た草津市志那集落の様子です。二つの内湖(平湖と柳平湖)の周辺に数多くの水路(ホリとかカワと呼ばれていました)があり、画面右上の集落の内部にまで通じているのがわかります。湖岸にはエリ(魞)が設置されています。
　蓮海寺は二つのエリのうち、右側のエリの起点付近の湖岸に面して建っています。常夜灯は湖上からは灯台の役割をも果たしていたのであり、石垣で守られた湖岸付近に数多くのハスが自生していたのです。
　図9は1969年(昭和44)の地形図をもとに、水面(琵琶湖、内湖、ホリ)と街路の形状を示したものです。琵琶湖と内湖・ホリの色を塗り分けているのは、水面の高さに差があったことを示しています。ホリや内湖の水面は琵琶湖の水面より高かったのです。
　ホリは内湖の周辺の水田に網の目のように広がり、一部は集落の内部にまで侵入しています。各家から水田へは田舟を使って移動し

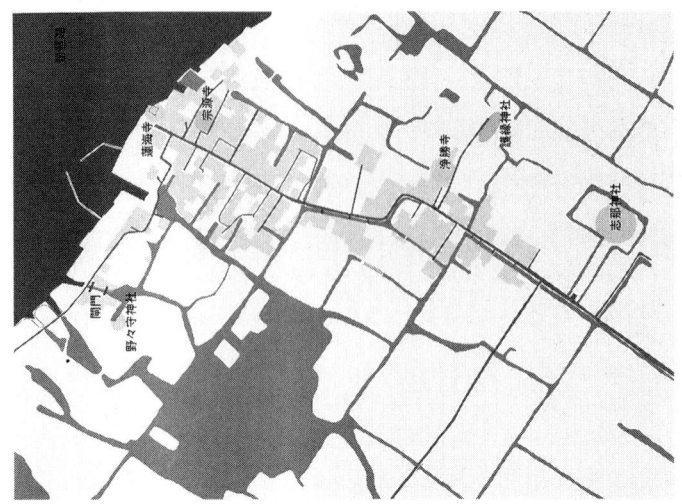

図9　1969年の水路と街路

ました。集落の各所には舟溜まりがあり、農機具や耕作用の牛も田舟で運んでいたそうです。

　それに対して陸上の街路は集落中央を通って志那神社の参道へ続く一本道に、それぞれの宅地へ通じる路地が接続されているだけです。住民の方のお話では、「昔は泥棒などの心配はなかった。もしあっても、志那神社の前で待っていればすぐに捕まるから」といわれていたそうです。舟を利用しなければ、この道以外に集落から出ることはできなかったのです[*11]。

　集落から琵琶湖へ出るときには、次ページの**写真28**にあるような閘門(水門)を利用しました。ホリと琵琶湖の間に2枚の閘門を設け、その間に舟を入れてから、交互に閘門を開閉することで、水位差のある水面を通行できるようにしていたのです。集落の人々にとって、内湖やホリは水田への交通路であり　オカズトリの場所でもあり、生活用水としても利用しました。そして閘門を介して琵琶

湖へとつながり、大津・坂本などとの交易などを通じて、物理的・経済的関係をもつとともに、景観としても、遠く比叡・比良の山並みへと続く琵琶湖の風景との連続性のある景観を形成していたのです。*12

石垣と出入り口の配置

図10は、現在残っている石垣の位置と形状および出入り口の位置を示しています。いくつかの宅地を取り囲むように石垣が配置され、出入

写真28　閘門の跡（「湖南の漁撈生活」より）

り口は、その多くが以前水路であった方向に開かれており、現在の街路との段差には階段やスロープが設けられています。また、宅地の境界には特に塀や生垣などはなく、集落中央の一本道沿いにはブロック塀などがつくられています。

町内会の組組織は全部で６組ですが、内陸の志那神社周辺から湖岸へむけて、順に１組から６組に分けられており、柳平湖からのホリが集落を横切っていた位置あたりから琵琶湖川を「浜」、内陸側を「里」と呼んでいます(図11)。

アフォーダンスの知覚理論では、対象の把握は、主体の環境に対する探索行動によってガイドされるものといわれます。

志那の集落空間における探索行動は、ホリや内湖を通う田舟による移動や、集落を湖岸から内陸部へと貫く一本道に沿って歩く行動などによってガイドされていたはずですが、「浜」「里」の区別や、組組織の境界線の平行性などは、このことをよく物語っているとい

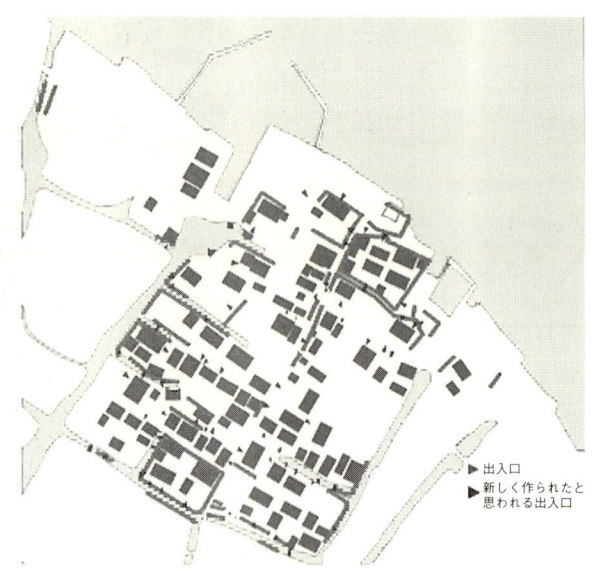

図10　石垣の配置と出入り口

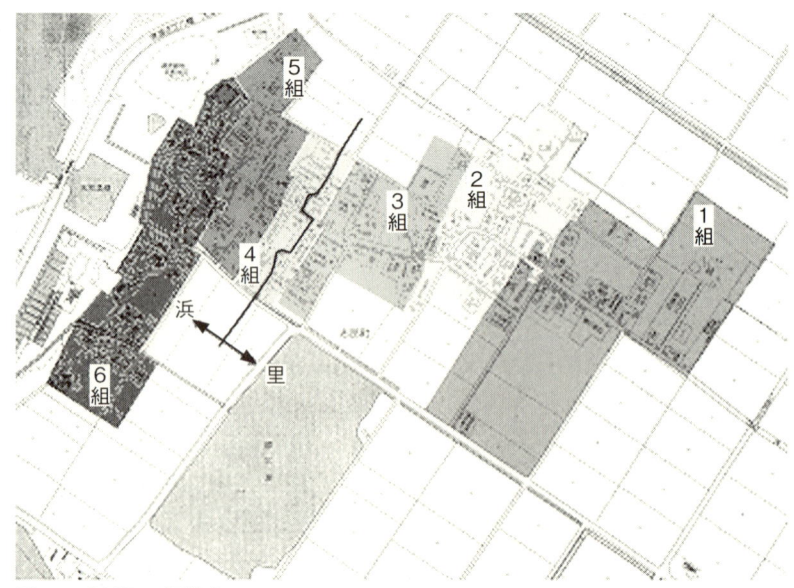

図11　志那町の組構成

7 空中写真から見えるもの────55

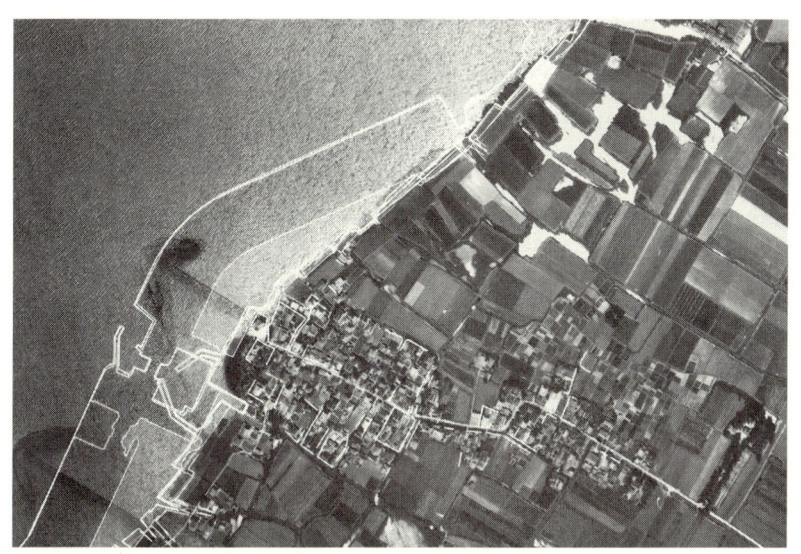

写真29　1961年の空中写真に1991年の湖岸線を重ねた図

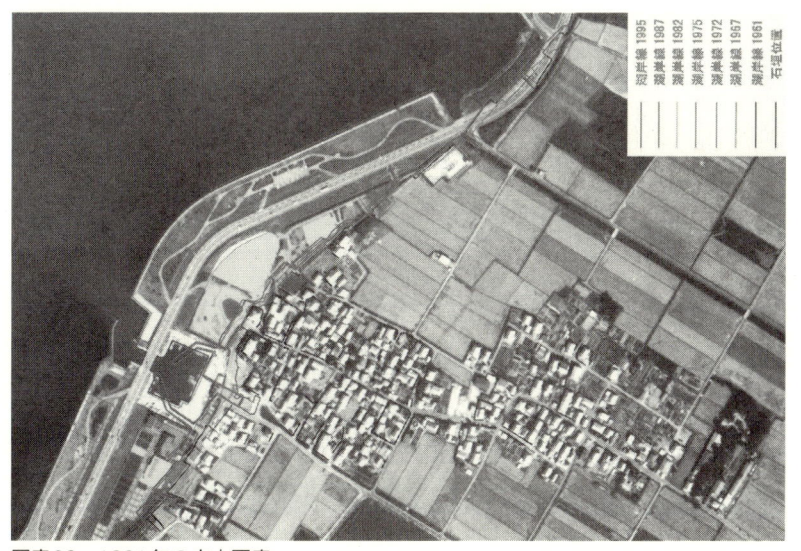

写真30　1991年の空中写真

汀線1995
渡渉線1987
渡渉線1982
渡渉線1975
渡渉線1972
渡渉線1967
渡渉線1961
写真位置

えるでしょう。

　志那神社を内陸側の境界とみなし、そこから蓮海寺や閘門を介して琵琶湖や対岸の大津・坂本の町や比叡・比良の山並みへと続く、景観の階層性と連続性が、この集落の空間構造の枠組みを形成していたといえるでしょう。

　そして、複数の住戸を石垣によって囲んだ島状の単位が、ホリや内湖の水面に浮かぶ構図がかつて存在していたことが、残存する石垣や入り口の配置によって知られるのです。

失われた景観の連続性

　前ページの２枚の空中写真を比較すると、集落と琵琶湖の関係が大きく変化したことがよくわかります。圃場(ほじょう)整備や河川の改修などにより、水田への移動や交通などは飛躍的に便利になりましたが、新しい漁港や湖岸堤・湖岸道路の開発によって、かつての景観の連続性は失われました。以前は蓮海寺あたりの湖岸は、子どもたちの水泳の練習場であり、エリ漁の場所であり、またハスの名所でもありましたが、今では集落の人たちが湖岸道路を越えて琵琶湖へ出ることは、ほとんどなくなっているそうです。志那漁港にもレジャーボートなどが多く集まり、休日にはピクニックやレジャーを目的にした人々で賑わう場所に変わったのです。

　一方、湖岸道路の内陸側には、この章のはじめに紹介した池のある広場や運動場が整備され、地元の人によって管理されています。池はかつて蓮海寺が琵琶湖に面していたことを考慮してつくられたものですが、湖岸堤と湖岸道路が二つの大きく意味の異なる場所を隔てる境界となってしまい、集落と湖水との空間的な連続性も、生活の場としての連続性も、失われてしまったのです。

*10　国土地理院ホームページ；http://www.gsi.go.jp/
*11　根来秀晴(1998)琵琶湖湖岸域における集落の空間構造変化についての研究―草津志那地域を事例として―，卒業論文．
*12　湖南の漁撈生活，琵琶湖総合開発地域民族文化財特別調査報告書5，滋賀県教育委員会．

8

地図と空中写真を利用して集落の形成過程を探る

守山市木浜周辺

　集落や周辺の自然、水系や植生などについて、歴史的に探ろうとする場合、古文書などの文献資料や考古学的発掘などのほかに、中世の荘園絵図や近世の屏風絵などの絵画的資料からも多くの情報を得ることができます。ここでは現在容易に手にいれることのできる近代的な測量技術に基づく地図の基本となっている、国土地理院発行の2万5000分の1地形図を使って探ることのできる範囲で、滋賀県内の集落の形成過程の事例をいくつか示したいと思います。

　守山市木浜周辺の地形図は、1922年（大正11）から2003年（平成15）まで、修正版を含めると16種類入手することができます[*13]。

　このうち、1947年（昭和22）と1999年（平成11）の国土地理院発行の2万5000分の1地形図に、土地利用によって区分けしたものを右に示しました（細かい区分の違いを示すため縮尺は異なっています）。

　1947年の地形図（図12）では野洲川の周辺を除くとほとんどの部分が水田であり、木浜集落は地図中央やや右よりの木の葉型の部分になります。

　この時点では琵琶湖大橋も木浜地先の大規模な埋立地も存在していません。集落内と周囲、および集落南側にホリとかギロと呼ばれる水路網が広がり、一部にドドワキ、オイケと呼ばれた比較的広い水面が広がっています[*14][*15]。

図12　1947年の木浜周辺
（2万5000分の1地形図により作成）

図13　1999年の木浜周辺
（2万5000分の1地形図により作成）

●集落景観の特徴

　この時点での集落景観の知覚の構造を地図から読み取るとすれば、野洲川の氾濫原に広がる低湿な水田が湖水と接しており、その水田の広がりの中に形成された、やや標高の高い自然堤防上に集落が開かれ、ホリやギロの内水面が集落を取り囲み、それら水田と内水面の上に浮かぶ島のような集落が、印象的な景観を形成しており、守山街道によって市中心部とつながりながら湖水へと開かれていたとでもいえるでしょうか。いずれにしても守山街道の一本道が集落内まで縦断し、サンマイ道（葬儀の行列が通る道）として集落境界あたりの墓所へと続く陸の道として集落空間の知覚構造をガイドする重要な要素であったはずですし、集落内部まで侵入する水路網が「木浜」という集落の景観イメージの核となっていたことは疑いようのない

一方、1999年(平成11)の地形図(図13)では図の上端から琵琶湖大橋の取り付け道路が木浜集落の東をかすめるように南東に伸びており、埋め立てにともなって行われた市街化区域の指定などによる市街化が進み、漁港も埋立地西端に移動しました。集落南側の農地では圃場(はじょう)整備が行われ、排水路も取り付け道路脇から大きくカーブして直線的に琵琶湖へ流されています。埋立地と湖岸との間には内湖(ない こ)が形成され、農地や集落と琵琶湖の間には大きな隔たりができたことがわかります。

　集落景観は、琵琶湖大橋の取り付け道路沿いに開発された建物群と地先(じさき)の埋立地によって周囲を囲まれ、周囲からは取り付け道路沿いの住宅地の一つに見えるでしょう[*16]。

　図14は昭和40年頃の木浜集落とその南側に広がっていた水路網の図です。開発公社による埋め立て予定地の輪郭と琵琶湖大橋の取り付け道路が示されています。ハマグチと水門とその南の3ヶ所にフナダマリがあり、インクラインがあったことがわかります[*17]。

　インクラインは高低差のある水面の間を舟で行き来できるように設けられたものでしたが、木製であったため、やがて腐朽して放棄されたそう

図14　昭和40年頃の水路網（「内湖と河川の漁法」より）

写真31　昭和38年の空中写真　　　　写真32　じゃ車による灌漑作業（滋賀県立琵琶湖博物館蔵、藤村和夫氏撮影）

です。
　水田への灌漑にはホリの水が利用されましたが、自然流下できないため、じゃ車と呼ばれた人力の水車を使って水を水田に汲み上げていました(写真32)。近年では揚水ポンプなどの普及や農業用水路の整備などによって灌漑作業の手間も軽減されましたが、以前は水田への灌漑も、このような道具と装置によって人と自然との共同作業のような形をとっていたのです。

● 集落内の空間構造変化

　次ページの図は、それぞれ1967年(昭和42)と1999年(平成11)の都市計画地図(2500分の1)に、土地利用に従って区分けした図です。これらの図を比較することで、集落内部の空間構造の変化を見てみましょう*18。
　まず図15を見ると、集落南部の東側で団体営による圃場整備が進展し、直線的な農道と長方形の水田が整然と整備される一方で、

図15　1967年の集落空間（2500分の1都市計画地図により作成）

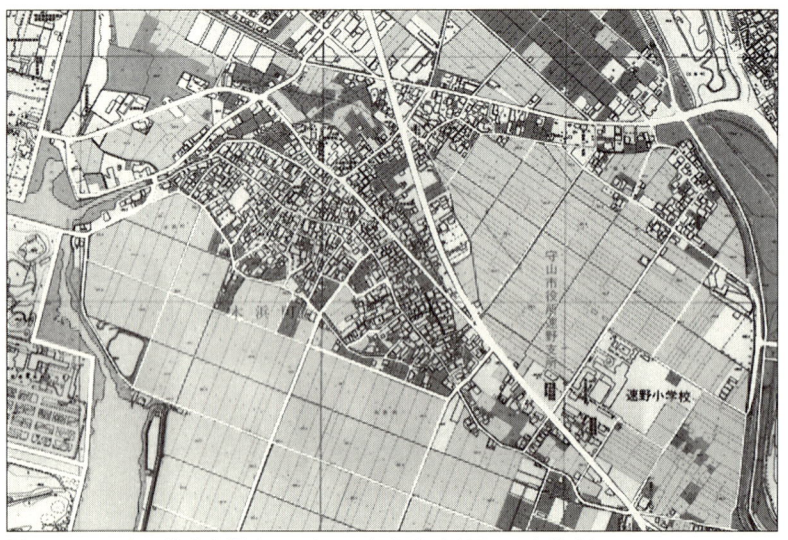

図16　1999年の集落空間（2500分の1都市計画地図により作成）

西側の耕地では、ホリやギロが健在であることがわかります。これらの水面は集落の周辺を取り囲む水路に接続しており、集落の南側で少なくとも６ヶ所で集落内部にまで侵入しています。集落の中央部やや東よりに位置するコの字型の水路はこの地を支配した大槻(おおつき)氏の城館を取り囲んでいた堀です。

　旧道と新道の間、集落の西よりには比較的幅の広い水路が残っており、田舟(たぶね)で港や耕地へと移動していた往時がしのばれます。

　図16に目を移すと、県営圃場整備も完了し、ホリやギロはすっかり消滅しています。集落内の多くの水路は暗渠化(あんきょ)(地中化)されるか、埋め立てられて街路化し、大槻氏の城館後のホリも埋められて街路となっています。集落南側の水路に沿って街路がつくられ、圃場の農道と連結されることによって、耕地への移動も水路から陸路へと転換された様子が見て取れます。

　この図からは判別できませんが、水路の一部はそのまま残されて、防火用水として利用されているところもあります。

　全体として網の目のように広がっていたホリを通じて琵琶湖へとつながる景観は失われ、田舟ではなく、徒歩や乗用車で周辺の田畑や市街地へとつながる街路網が、集落空間の景観をガイドする構造へと転換しました。水辺に浮かぶ周囲よりやや小高い、島のような陸地というイメージから　田畑や市街地に囲まれた住宅地という景観構造になったのです。

長浜市湖北町尾上周辺

　長浜市湖北町尾上(おのえ)の集落も、その集落景観を大きく変容された事例の一つです。

　尾上は琵琶湖北湖東岸の最北部、長浜市湖北町北西部の湖岸に位

置し、余呉川河口部に形成された自然堤防上に成立した集落です(巻末地図)。尾上地先および対岸の葛籠尾崎湖底遺跡からは縄文・弥生土器などの遺物も発見されており、この地域は有史以前から開けていたと考えられています。集落南部には低平な水田が広がっていますが、後で見るように、かつては条里制の跡も残されていました。

　北面する琵琶湖は遠浅で、集落の南側を流れて琵琶湖へそそぐ余呉川河口部は、漁労生活のための港として利用されていましたが[*19]、新余呉川が掘削されて流路が変更されるまでは、余呉川下流部は頻繁に水害に見舞われていました。圃場整備以前の空中写真などを見ると、山本山南麓から下流にあたる、集落南部の河道が頻繁に変動していたことがわかります(写真33)。

　圃場整備以前の尾上は、低湿な自然条件や余呉川の氾濫に加えて、湖北地方の豪雪の影響もあり、農業に加えて漁業、養蚕、船運などが早くから行われていました。

　農家も、冬季の裏作が困難なため、養蚕によってそれを補うとともに、半農半漁の生活を送っていました。写真34では遠浅の水面を利用して数多くのエリが湖岸に設置されているのがわかります。また、古くは湖北のワリキが家庭用燃料として大津方面に送られており、そのような湖上運送に従事していた者もあったことが記録に残されています。

　以下では、尾上集落周辺の空間構造の変化を、時代を追って順に見ていくことにします。

● 余呉川の治水・改修事業

　前述したように余呉川の河口付近の低湿な地理的条件によって尾上集落は頻繁に水害に見舞われていました。そのような集落の空間構造に大きな変化をもたらすきっかけとなるのは余呉川の治水事業

写真33 1967年の尾上 蛇行して流れる余呉川と河口の港の様子がわかる。集落は北で琵琶湖と接している。集落南側の田畑には条里制の形跡が見られる。

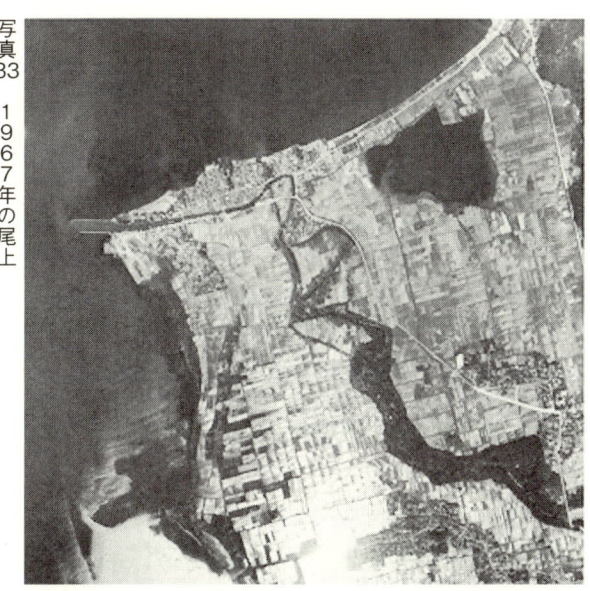

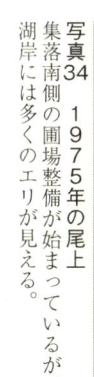

写真34 1975年の尾上 集落南側の圃場整備が始まっているが、湖岸には多くのエリが見える。

です。1985年（昭和60）に現在の尾上港への改修移転が行われるまで、余呉川河口は天然の漁港としてこの集落の漁業と湖上運送の拠点となっており、また生活に欠かせない水辺としての性格を有していました*16。

山本山北方の山腹を貫通して西野放水路が建設されると余呉川の

写真35　1975年の空中写真
集落南の圃場整備が進み、直線的な農道も整備されている。西面の湖岸のヨシ群落と圃場の幾何学的形態が対照的である。余呉川の旧河道の河畔林がかつての氾濫の形跡を物語っている。

水量のほとんどがこの放水路から琵琶湖へ流出することとなり、水害の危険からは解放されることとなりましたが、同時に生活空間としての余呉川の位置づけも変化を余儀なくされるとともに、新たな港湾の必要性が浮上することとなりました。

●漁港移転・改修事業

　その後、1980（昭和55）には尾上集落の南に位置する今西集落付近に新余呉川の付け替え工事が着手され、1982年に完了したことにより、今西以北の旧余呉川下流は川幅を縮小するとともにコンクリート三面張りに改修され、流路周辺の河辺林（かへんりん）も圃場整備とともにその姿を一変することになりました。

8 地図と空中写真を利用して集落の形成過程を探る────── 67

写真36　1985年の空中写真
新しい漁港が建設され、余呉川の旧河道も圃場化が進んでいる。南側の湖岸では湖岸堤（湖岸道路）の建設が進行中で、ヨシ群落は姿を消し新余呉川の掘削が始まっている。

　旧余呉川河口に設けられていた尾上漁港も移転・改修され、新漁港は尾上集落の西北湖岸、旧余呉川河口の右岸に面して建設されました。2万4,200㎡の大規模な港には、近代的な水域施設、外郭施設、係留施設が建設され、集落の中央に位置する小江神社(P.72図19参照)から西側の集落はこの港湾施設によって琵琶湖との直接の関係を絶たれることになったのです。

●湖岸道路の建設と野田沼の改修
　尾上周辺の湖岸道路の建設は1975年(昭和50)から開始されました。事業主は旧余呉川河口より南側が琵琶湖総合開発による湖岸堤、および管理道路であり、北側は滋賀県開発事業公団による湖岸道路と

写真37　1995年の空中写真

して開発されました。

　あとでも触れますが、この湖岸堤・湖岸道路の建設によって、尾上の集落空間と琵琶湖との関係に対して決定的な変容を与えたことは想像にかたくありません。

　なお、湖岸道路の建設によって失われた集落南側の湖岸のヨシ帯は、1982年（昭和57）から86年にかけてのヨシの人工植栽試験を経て1987年から91年の植栽工事によって復元が試みられています。

　また、集落の東部に位置する野田沼周辺の改修工事は1984年に着工され、自然公園、湖岸緑地としての整備が進み、園地、遊歩道休憩所がつくられるとともに駐車場も整備されました。

圃場整備事業

　周辺の圃場整備は県営圃場整備事業・東浅井西部Ⅰ期として、1971年(昭和46)度から77年度にかけて行われました。それまで保存されていた条里地割が長方形の耕地に整備されるとともに、余呉川の付け替えにともなって河道周辺の畑地や河辺林も耕地とされ、直線的な農道が縦横に整備されました。水路は三面張りの側溝として改修されるとともに周辺に植栽されていたハンの木も稲を乾燥させる際のハサキ(ハサバ)としての役割を失い、伐採されることになりました。

　以上のような過程を経て、どのように集落空間の構造がどのように変化したのかを比較したものが、次ページの図です。それぞれ1967年(昭和42年)と1999年(平成11)に作成された都市計画地図(2500分の1)に土地利用に応じて区分けしたものです。

　次ページの図17を見ると、圃場整備以前の耕地は条里制の跡をよく残しており、湖岸のヨシ帯の付近まで耕地として利用されていたことがわかります。また、尾上集落は余呉川と奥琵琶湖の湖水に挟まれるようにして形成された浜堤上に立地し、琵琶湖と密接に関係をもっていました。

　集落中央にある小江神社の石垣は湖面に突出し、集落の北側は琵琶湖と間近に接していた様子がわかります。住民の方のお話では、台風のときなどは、波しぶきが屋根の上にまで届いたということです。また、このあたりの琵琶湖は遠浅で、エリ漁に好適であったばかりでなく、日常の煮炊きの水などを沖合い500m付近まで汲みに行くことも行われたそうです。

　余呉川河口部には防波堤が設置され、船溜まりになっています。

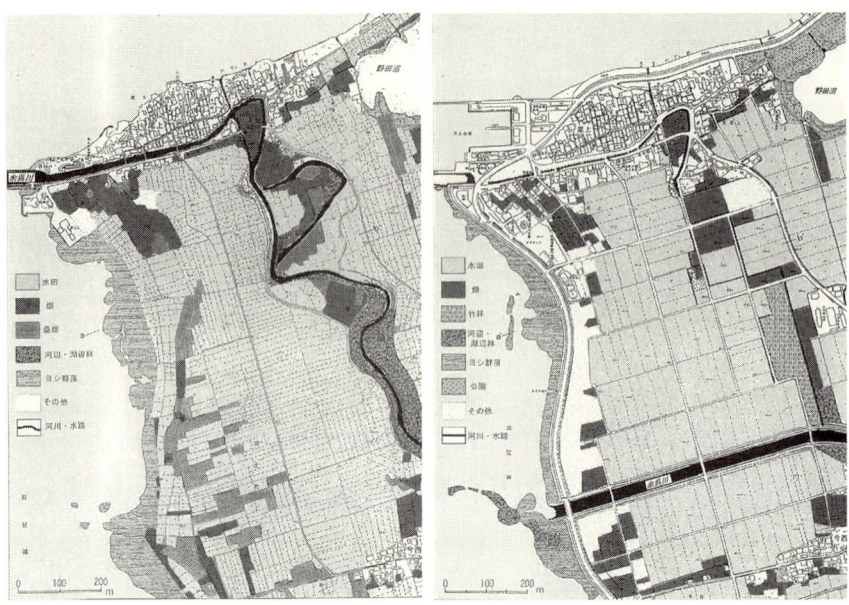

図17　1967年の景観区分図　　　図18　1999年の景観区分図

　余呉川は漁獲の引き上げや処理などの漁業や湖上運送以外にも、煮炊きや洗濯などの生活用水としても盛んに利用され、集落の生活に密着した水辺を形成していたのです。
　全体として景観は変化と多様性に富み、自然な地形の変化によく対応している様子をうかがうことができます。
　これに対して図18では、余呉川の付替え工事が完成し、直線的な人工河川となっています。これにともなってかつての流路周辺も整備されて農業用地に転用され、残存する河辺林のほか、竹林が形成されています。用水路は格子状の耕地に沿って流れ、旧余呉川以南の湖岸に建設された湖岸堤および管理道路によって消滅していたヨシ帯は、工事後の人口植栽によって復元され、定着・拡大してき

写真38　集落内の街路
かつては琵琶湖へ直接つながっていた。

ていますが、景観および生態系としては、湖岸堤によって耕地とはっきりと分断されています。

　新余呉川放水路の河口付近には水路の堆積(たいせき)作用による砂州(さす)の形成が始まっており、ヨシ帯の中にヤナギ類の立ち木の発達も見られます。

　浜堤の一部は圃場整備による平地化によって失われ、区画化された耕地の景観は画一的な水田と用水路・道路網という幾何学的な景観へと変貌しました。

　次ページの図はそれぞれ1999年（平成11）と1965年（昭和40）の都市計画地図の上に水面と道路の部分を交互に、つまり過去の地図に現在の水面と街路を、現在の地図に過去の水面と街路を重ねて見た図です。

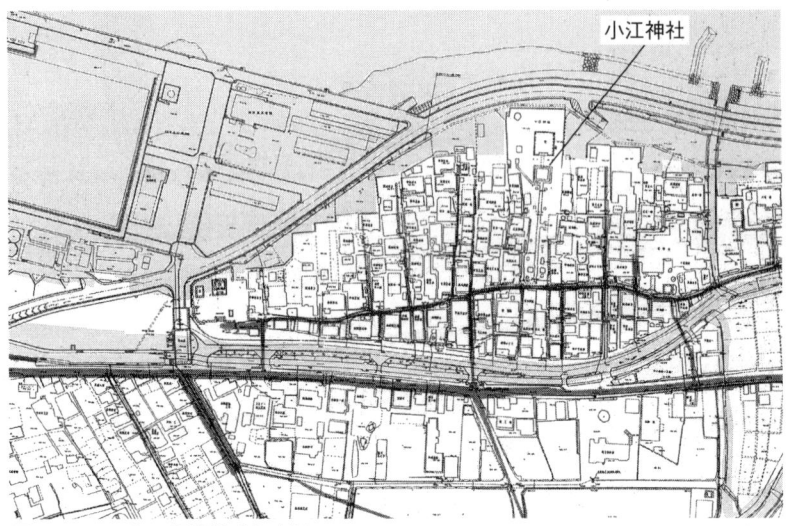

図19　1965年の街路構成と水辺

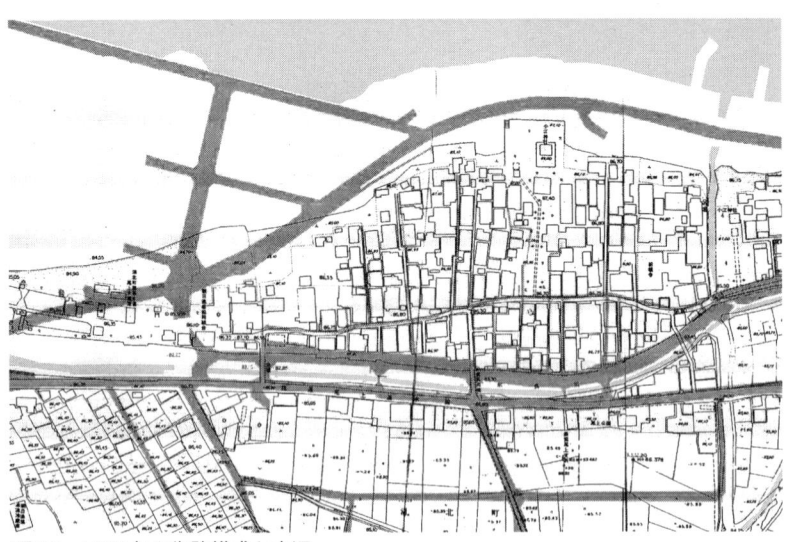

図20　1999年の街路構成と水辺

集落のほぼ中央を東西に貫く街路があり、それに直行する形で旧余呉川、および琵琶湖へと幾筋もの細い街路が伸びていることがわかります。集落内の住戸は切妻屋根の妻側を琵琶湖へ向けて建てられていますが、これは琵琶湖からの風に対処するためと考えられます。そしてこれらの南北方向の街路は、琵琶湖への水汲みや余呉川での洗い物など、当時の生活にとって欠かせない交通路であって、水辺まで来れば、琵琶湖、余呉川へは共有の空間が開かれていました。中でも小江神社の境内は集落内でも唯一開けた空間であり、琵琶湖へと突き出した空間は石垣で直接湖水に面していました。琵琶湖上からの景観を考えた場合、この神社境内の緑や石垣は、集落のランドマークとして機能したであろうことが想像されます[20]。

＊13　国土地理院，地図・空中写真・地理調査ホームページ；http://www.gsi.go.jp/tizu-kutyu.html
＊14　安室知（1998）水田をめぐる民俗学的研究，慶友社．
＊15　安室知（1989・1990）エリをめぐる民族，横須賀市博物館研究報告34・35号．
＊16　山本幸代（2001）琵琶湖湖岸地域における集落空間の変遷―景観生態学図と生活空間の相関から―，卒業論文．
＊17　内湖と河川の漁法，琵琶湖総合開発地域民族文化財特別調査報告書3，滋賀県教育委員会．
＊18　横山秀司，琵琶湖湖辺域の景観生態学的アプローチ．
＊19　びわ湖の漁撈生活，琵琶湖総合開発地域民族文化財特別調査報告書1，滋賀県教育委員会．
＊20　琵琶湖湖辺域の土地利用に関する研究，琵琶湖研究所委託研究報告書1998．

9
アフォーダンスの知覚と
環境・人間の生態学的関係性の回復

　これまで、産業や文化的活動など、さまざまな人間の活動によって形成される生活景と、主に空中写真や地形図から読み取ることのできる集落空間の歴史的な変遷について見てきましたが、アフォーダンスの視点からこれらのことを見直してみたいと思います。

　人々は環境の意味(アフォーダンス)を、ほかならぬその環境自体がアフォードするものにガイドされること、すなわち環境の構造に従って行為することによって、知覚することが指摘されました。

　集落の生活や産業が湖水やホリの水に大きく依存していた頃は、水路は田舟(たぶね)による交通路であると同時に、生活用水や農業用水として利用されるだけでなく、日常のオカズトリや子どもたちの遊び場としても意識されていました。そのように意識されていたときは、堀の泥かきや草取りなど　多くの手間と労力をかけてホリは守られていたわけですが、圃場整備が進み、水路や揚水(ようすい)ポンプも整備され、上水道が各家庭に引かれたとき、かつてのホリは単なる排水路となり、多くは暗渠(あんきょ)化されるなどして、手のかからないもの、日常眼にする(知覚される)こともない存在になってしまいました。つまり人々の行動をガイドする役割が希薄になってしまったのです。それらは「オカズトリ」や「ゴミカキ」も子どもたちの遊びという行動もアフォードしないものとなってしまったのです。

農業などの産業の合理化や生活の利便性の向上は望ましいことがらでしょうし、必要なことがらでもあるでしょう。しかし、利便性と合理性の背後に、環境のアフォーダンスの縮小や消滅(無視)ということが隠れているとすれば、それは豊かな自然や環境の意味の忘却を意味するのであり、そのことはやがて人間と環境との生態学的な関係性の忘却ということにもつながるでしょう。

　自然環境や人間のつくる環境、そして人間のさまざまな行為は、本来相互に依存し共鳴しあう関係をもっているはずのものです。この関係性の忘却から脱すること、人間と環境との生態学的な関係性を回復することが求められているのではないでしょうか。

10

おわりに
―浮世絵に描かれた風景から―

　最後に空間デザインの契機の一つとなる、共有される環境イメージの例として、歴史的に定着している景観である近江八景を例に挙げておきます。
　図21は歌川広重の描いた「粟津晴嵐（あわづのせいらん）」の錦絵です。ここで私たちを魅了するのは、単なる視覚的映像の美しさだけではありません。風に吹かれる松並木の並ぶ街道や、満帆（まんぱん）の帆に風をはらんで湖上を

図21　歌川広重「近江八景　粟津晴嵐図〈宝永堂版〉」（滋賀県立大学図書館蔵）

進む船は、近江の人々の生活と密着した湖上交通や漁労生活の断面を切り取っており、限りなく広がる湖面と山並みを背景に吹き抜ける風を身に受けつつ感じる、生活と風景の全体に心打たれるのです。

　問題は、現代にこの生活と風景を再現することではなく、現代という時代の生活行為にふさわしい新たな生活景(風景)を発見し創造することだと考えたいと思います。

　環境と人間との相互の関係性が生態学的であり、相補的であるというのが、ギブソンのいう生態学的知覚論の根幹でした。この生態学的関係の忘却からの覚醒と回復が、求められているのではないでしょうか。

図22　滋賀県地図

■著者略歴

迫田正美（さこた まさみ）

1989年　京都大学大学院工学研究科博士課程中退
　　　　滋賀県立短期大学助手
1998年　滋賀県立大学環境科学部講師

主要論文

「建築における意味と解釈(I)〜(V)」日本建築学会大会梗概集、近畿支部報告集

「行為論、場所論としての機能論(1)〜(4)」日本建築学会大会梗概集、近畿支部報告集

「『源氏物語』に表現された空間図式に関する研究(1)〜(4)」日本建築学会大会梗概集、近畿支部報告集

「琵琶湖湖辺域における集落空間構造の変容過程」『琵琶湖沿岸域の土地利用と景観生態』滋賀県琵琶湖研究所

翻訳書

『ル・コルビュジエ事典』J.リュカン監修、加藤邦男監訳、中央公論美術出版、2008年

滋賀県立大学 環境ブックレット4

環境と人間
生態学的であることについて

2011年3月30日　第1版第1刷発行

著者･･･････････迫田正美

企画･･･････････滋賀県立大学環境フィールドワーク研究会
　　　　　〒522-8533滋賀県彦根市八坂町2500
　　　　　tel 0749-28-8301　　fax 0749-28-8477

発行･･･････････サンライズ出版
　　　　　〒522-0004滋賀県彦根市鳥居本町655-1
　　　　　tel 0749-22-0627　　fax 0749-23-7720

印刷・製本･･･････サンライズ出版

ⓒ Masami Sakota　Printed in Japan
ISBN-978-4-88325-441-5 C1340
定価は表紙に表示してあります

刊行に寄せて

　滋賀県立大学環境科学部では、1995年の開学以来、環境教育や環境研究におけるフィールドワーク(FW)の重要性に注目し、これを積極的にカリキュラムに取り入れてきました。FWでは、自然環境として特性をもった場所や地域の人々の暮らしの場、あるいは環境問題の発生している現場など野外のさまざまな場所にでかけています。その現場では、五感をとおして対象の性格を把握しつつ、資料を収集したり、関係者から直接話を伺うといった行為を通じて実践のなかで知を鍛えてきました。

　私たちが環境FWという形で進めてきた教育や研究の特色は、県内外の高校や大学などの教育関係者だけでなく、行政やNPO、市民各層にも知られるようになってきました。それとともに、こうした成果を形あるものにして、さらに広い人々が活用できるようにしてほしいという希望が寄せられています。そこで、これまで私たちが教育や研究で用いてきた素材をまとめ、ブックレットの形で刊行することによってこうした期待に応えたいと考えました。

　このブックレットでは、FWを実施していく方法や実施過程で必要となる参考資料を刊行するほか、FWでとりあげたテーマをより掘り下げて紹介したり、FWを通して得た新たな資料や知見をまとめて公表していきます。学生と教員は、FWで県内各地へでかけ、そこで新たな地域の姿を発見するという経験をしてきましたが、その経験で得た感動や知見をより広い方々と共有していきたいと考えています。さらに、環境をめぐるホットな話題や教育・研究を通して考えてきたことなどを、ブックレットという形で刊行していきます。

　環境FWは、教員が一方的に学生に知識を伝達するという方式ではなく、現場での経験を共有しつつ、対話を通して相互に学ぶというところに特色があります。このブックレットも、こうしたFWの特徴を引き継ぎ、読者との双方向での対話を重視していく方針です。読者の皆さんの反応や意見に耳を傾け、それを反芻することを通して、新たな形でブックレットに反映していきたいと考えています。

2009年9月

滋賀県立大学環境フィールドワーク研究会